Hans-Peter Oswald:

Anmeldung von Marken beim Trademark Clearinghouse

AF139999

Inhaltsverzeichnis

Analyse der neuen Top-Level-Domains

ICANNs New-Top-Level-Domains-Programm schreitet mit großen Schritten voran. Die Anmeldung von Marken und Begriffen als Grundlage für die Registrierung unter den neuen Top-Level-Domains beim Trademark Clearing House ist seit Ende März 2013 möglich. ICANN hat 213 Domains (vorläufig) gebilligt, darunter .app, .blog und .docs.

Doch das new-Top-Level-Domains-Programm der ICANN sieht sich häufig mit zwei Kritikpunkten konfrontiert:

a) Die Registrierung der neuen Domains wird die Firmen viel Geld kosten.
Die Domainindustrie und nicht zuletzt ICANN werden an diesen Registrierungen verdienen.

b) Vor allem große Firmen und Organisation erhalten die Chance, ihre Präsenz im Internet zu erhöhen und zu differenzieren.

Sicherlich ist an dieser Kritik einiges berechtigt; aber die ICANN hält sachliche Motive für die Einführung der neuen Domainendungen dagegen. Eines der stärksten Argumente ist gleichzeitig eines durch die (westliche) Öffentlichkeit wenig beachtetes: das Programm zur Einführung der IDN-Domainendungen. (siehe Punkt 4)

Der zweite Kritikpunkt unterstellt genau das, was auch

beabsichtigt ist: Die neuen Top-Level-Domains werden auch neue Marketing-Effekte mit sich bringen. Dabei werden wohl nicht einfach »große Firmen« die »kleinen Firmen« schlagen, sondern die erfolgreichen die erfolglosen, jene Firmen mit einer sinnvoll geplanten und koordinierten Domainstrategie werden sich besser positionieren, als diejenigen mit einer unvorbereiteten und beliebigen Registrierungspraxis.

ICANNs "New-Top-Level-Domains"-Programm kann man in fünf Gruppen unterteilen:

1) Geo-Domains

Die neuen Top-Level-Domains mit (Bezug auf) Städtenamen (z.B. .koeln, .berlin, .hamburg, .wien, usw.) oder Regionen (.bayern, .nrw, .saarland, .tirol, usw.) stärken die lokale und regionale Präsenz der Marken und Produkte eines Unternehmens.

Firmen sollten erwägen solche Domains zu registrieren, wenn sie bedeutende Niederlassungen oder Handelsschwerpunkte an Orten haben, die jetzt als Geo-Domains, genauer »City Domains«, registrierbar sind.

Oft haben diese Metropolen und Regionen einen hohen Anteil am Wirtschaftsvolumen des jeweiligen Landes; und bei stetig steigender Informationsmenge ist die lokale Präsenz im Internet von steigender Bedeutung; der Verkauf der Produkte und

Serviceleistungen findet zum großen Teil vor Ort statt.

Suchmaschinen werden bei der Verarbeitung von Suchanfragen auch Ergebnisse mit lokalem Bezug auswerfen (vor allem auch, weil der Benutzer seine aktuellen Standortdaten über IP-Adressen und Cookies zur Verfügung stellt) und dabei mutmaßlich auch lokale und regionale Domains stärker berücksichtigen als nationale oder internationale.

Die Betreiber eine Webseite können, beim Abrufen einer Webseite über eine Geo-Domain, die zurückgegeben Informationen mit Hinblick auf lokale Schwerpunkte sinnvoll strukturieren. (Kontaktdaten, Veranstaltungen mit lokalem/regionalem Bezug, Public Relations, usw.)

2.Generische Domains

Im Rahmen des "New-Top-Level-Domains"-Programms werden neue generische Domains mit speziellen Sach- und Branchenbezügen geschaffen. So werden z. B. Unternehmen der Versicherungsbranche Domains mit der Endung .versicherung reservieren können, für die Reise und Touristikbranche wird die Endung .reise geschaffen. Aus »firmenname-versicherung.com« könnte in Zukunft also »firmenname.versicherung« werden. Der Domainname wird nicht nur kürzer (Erleichterung bei der Eingabe) sondern auch einprägsamer, da unspezifische Teile der Domain und Sonderzeichen wegfallen.

Best practice: aero-Domains

Eine kleine Beratungsfirma in der Luftfahrtbranche hat typischerweise drei Domains: eine country-code Domain (z.B. .de-Domain), eine internationale .com-Domain und eine .aero-Domain. Letztere ist den Mitgliedern der sog. »aviation community« vorbehalten. Das .aero im Domainname identifiziert die Firma eindeutig als Teil der Luftfahrtbranche.

Durch die Einführung neuer generischer Top-Level-Domains werden nun auch viele Firmen anderer Branchen die Möglichkeit erhalten, ebenfalls eine Domain mit Sach- oder Branchenbezug zu registrieren. Die Vorteile liegen genauso auf der Hand wie bei der .aero-Domain.

Es ist damit zu rechnen, dass viele dieser neuen generischen Domains mit speziellem Sach- oder Branchenbezug ein höheres Ranking in Suchmachinen erhalten werden als eine country-code Domain, weil nun auch in der Domainendung rechts vom Punkt wichtige Schlüsselwörter enthalten sind. Es ist unbestritten, dass diese »Keywords« beim Ranking durch Suchmaschinen wie Google eine große Rolle spielen.

3. Domains nach Rechts- und Gesellschaftsformen

Eine spezielle Gruppe der generischen Domainendungen sind jene mit Bezug auf Rechts- oder Gesellschaftsform einer Organisation. Für den deutschen Sprachraum ist hier vor allem die Endung .gmbh von Bedeutung. Auf internationaler Ebene wird es voraussichtlich auch die Endungen .inc, .ltd, .llc, .llp, .srl und .sarl geben. Neben den bereits genannten Vorteilen (Vereinfachung und Präzisierung des gesamten Domainnamens) bieten diese Domainendungen die Möglichkeit der Strukturierung der Unternehmenskommunikation vom Firmengruppen und Tochtergesellschaften sowohl nach innen als auch nach außen (z.B. saubere Trennung von Business-to-business- und business-to-consumer-Kommunikation).

Die Firmen können ihren Firmennamen mit dem Zusatz .gmbh registrieren und die Firmennamen Ihrer Tochtergesellschaften im Ausland beispielsweise mit dem Zusatz .ltd. Sie erreichen dadurch eine prägnante Formulierung, die gut merkfähig ist und damit Ihre Marketing-Chancen erhöht.

4. Internationalisierte Domainendungen (IDN)

Zahlreiche Bewerbungen für Domainendungen decken Begriffe in kyrillischen, chinesischen, arabischen oder thailändischen Schriftzeichen ab. So bewirbt sich etwa

Verisign (u.a. zuständig für die Verwaltung von .com- und .net-Domains) um die Version der Domainendung .com in kyrillischer Schrift. Weitere Bewerbungen liegen für Begriffe in chinesischen (simplified chinese, traditional chinese), japanischen, arabischen, koreanische, indische (Hindi) und thailändischen Zeichensysteme vor.

Die Verwendung von Sonderzeichen innerhalb eines Domainnamens ist zwar unten vielen, bereits existierenden Domainendungen möglich; die Domainendung (rechts vom Punkt) war aber bislang, fast ausnahmslos, auf lateinischen Zeichen beschränkt. In Zukunft wird also auch die Zeichenkodierung der Domainendung zur Bewertung und Einordnung von Domains durch Suchmaschinen beitragen. Darüber hinaus ergibt sich aus der durchgängigen Zeichenkodierung ein verbessertes »Handling« bei der Eingabe des Domainnamens (kein Wechsel der Tastaturbelegung).

Die ICANN hat entschieden, die Bewerbungen um Domainendendungen mit Sonderzeichen zuerst zu begutachten. Allgemein wird dies als ein wichtiger Wettbewerbsvorteil für die IDN-Top-Level-Domains gewertet.

Bei einem Engagement in Regionen und Märkten, in denen die Kommunikation im Wesentlichen auf nicht-lateinischen Schriftsystemen basiert, ist die Registrierungen von Firmen- und Produktnamen sowie

Handelsmarken unter den passenden IDN-
Domainendungen wie z.B. .com äußerst ratsam.

5. Domains mit geschlossener Registrierung

Eine fünfte Gruppe von Domains wird von den
Bewerbern für den eigenen Gebrauch beansprucht.
Sie sind daher, in aller Regel, nicht von Dritten
registrierbar. Über Ausnahmen in Einzelfällen, etwa
aufgrund einer besonderen Geschäftsbeziehung,
entscheidet die jeweilige Registrierungsstelle.

Anmeldung von Marken beim Trademark Clearinghouse

Für Markeninhaber wird wegen der Einführung von mehr als 1000 neuen Top Level Domains die Anmeldung im neu geschaffenen Trademark Clearinghouse sinnvoll.

Markeninhaber, die unter keiner der neuen Top Level Domains Namen registrieren lassen wollen, erhalten bei Anmeldung ihrer Marken im Trademark Clearinghouse Informationen per e-mail, wer eine Domain mit dem Markennamen anmelden will und können sich dann gegen diese Domainregistrierungen wehren. Nur das Trademark Clearinghouse kann bei der großen Anzahl der zukünftigen Neuen Top Level Domains einen Überblick für Markeninhaber schaffen.

Bei den bisherigen Einführungen von Top Level Domains wurde die Anmeldung der Marke als Grund für eine bevorzugte Registrierung und die Registrierung der darauf beruhenden Domain in einem Schritt vollzogen. Dies wird diesmal nicht mehr der Fall sein.

Jeder, der eine Domain in der Sunrise Period

registrieren will, muß sich beim Trademark Clearing House anmelden. Eine erfolgreiche Anmeldung beim Trademark Clearing House berechtigt dann zur Registrierung unter jeder der wahrscheinlich mehr als 1000 Domains in der jeweiligen "Sunrise Period".

Ein großer Registrar hat in einer Analyse der "Sunrise Periods" der vergangenen Einführungen festgestellt, daß die Anmeldungen in der "Sunrise Period" eine Fehlerrate von 40-50 % aufwies. Mit Fehlerrate ist dabei falsches Ausfüllen der Unterlagen gemeint, nicht die Ablehnung korrekt ausgefüllter Anträge aufgrund von nicht zulässigen Marken durch die Prüfinstanz.

Hans-Peter Oswald von domainregistry.de erklärt: "ICANN Registrar hat große Erfahrung im Umgang mit Marken und den einschlägigen Prüfinstanzen. Unsere Fehlerquote liegt bei den 'Sunrise Periods' der Vergangenheit im Promille-Bereich."

Interessenten können auch gleichzeitig eine kostenfreie, aber verbindliche Vor-Registrierung von gewünschten Neuen Top Level Domains bei Secura vornehmen.

Der Domainmarkt ist durch eine so große Anzahl von

Domains sehr unübersichtlich geworden. Secura fertigt für Kunden Analysen darüber an, in welche Domains aufgrund der Produkte, Dienstleistungen und/oder des Firmennamens investieren werden sollte.

Mehr Informationen über das Trademark Clearinghouse unter:

http://www.domainregistry.de/tmc.html

Marc Müller

ICANNWiki über Trademark Clearinghouse

Ein Lexikon wie z.B. der Brockhaus, natürlich mit Goldprägung auf dem Rücken, war die Zierde so manches bürgerlichen Wohnzimmers. Anspruchsvolle leisteten sich die Hundertwasser-Ausgabe und demonstrierten damit Geschmack und Sin für Kunst. Ein Problem des gedruckten Lexikons war das Verfallsdatum des Wissens:Schon bei Druck war es zum Teil überholt. Das Online-Lexikon Wikipedia ist wesentlich aktueller als die Print-Ausgaben von Brockhaus und Co. Doch das Stichwort: "Trademark Clearinghouse" kennt Wikipedia noch nicht, obwohl das Trademark Clearinghouse eine wesentliche Rolle bei der Einführung von über 1000 neuen Top Level Domains spielt- eine Einführung, die laut ICANN eine "Revolution des Internets" darstellt.

Das ICANNWiki liefert allerdings bereits Informationen über das Trademark Clearinghouse.

Zur Definition heißt es im ICANNWiki knapp: "The Trademark Clearinghouse (TMC or TMCH) is a database of trademarks that will be established by ICANN in order to enhance the protection of intellectual property on the Internet.[1] The main role of

TMCH is to serve as a central repository for the information related to the rights of trademark owners to be stored, authenticated and distributed."

Das Trademark Clearinghouse wird zwei Funktionen erfüllen. Markeninhaber, die ihre Marke im Trademark Clearinghouse angemeldet haben, werden über Anmeldungen von Domains durch Dritte , die auf dem Namen der Marke beruhen, informiert. Die erfolgreiche Anmeldung einer Marke berechtigt zur Registrierung von bis zu 10 auf der Marke beruhenden Domains in allen neuen Top Level Domains.

Leider werden diese wichtige Leistungen im ICANNwiki nicht erklärt.

Sehr gut wird dagegen die Struktur des "Trademark Clearinghouse" dargestellt. Es besteht aus:
1.Validation Centre 2.Data Centre

Im "Validation Centre" wird die Prüfung der Marke vorgenommen. Die erfolgreich geprüften Marken werden in dem von IBM verwalteten "Data Centre" eingetragen, mit dessen Daten die Registries arbeiten können.

Das ICANNWiki dokumentiert ausführlich die geschichtliche Entwicklung des "Trademark Clearinghouse" und weist auch auf die Kontroversen um das "Trademark Clearinghouse" sowie Alternativ-Modelle hin.

Hans-Peter Oswald von domainregistry.de erklärt: "ICANN Registrar Secura hat große Erfahrung im Umgang mit Marken und den einschlägigen Prüfinstanzen. Unsere Fehlerquote liegt bei den 'Sunrise Periods' der Vergangenheit im Promille-Bereich."

Hilfreich ist es für Secura, daß die Verantwortlichen des Trademark Clearinghouses die gleichen Personen sind, die Secura schon von der Sunrise Period der eu-Domains kennt.

Interessenten können neben der Anmeldung ihrer Marken beim Trademark Clearing House auch gleichzeitig eine kostenfreie, aber verbindliche Vor-Registrierung von gewünschten Neuen Top Level Domains bei Secura vornehmen

Mehr Informationen:

http://www.domainregistry.de/tmc.html

http://www.domainregistry.de/neue-domains.html

Deutsche Presse -Schweigen im Walde

ICANN möchte über 1000 neue Domains einführen. ICANN spricht von einer "Revolution des Internets". Das "Trademark Clearinghouse" soll die Rechte von Markeninhaber schützen. Man sollte meinen, das sei auch ein Thema für die deutsche Presse.

In der englischsprachigen Welt berichten "Forbes" und eine Agenturmeldung von "The Associated Press" über das Trademark Clearinghouse. Frankreich und Spanien haben immer Distanz zum Internet gezeigt. Doch "Le Figaro" und "El Derecho" erklären die Funktionsweise des "Trademark Clearinghouse". Auch die chinesische Presseagentur Xinhua berichtet, obwohl es in China vermutlich noch nicht so viele Markeninhaber gibt.

Im deutschen Blätterwald herrscht Schweigen. Das Trademark Clearinghouse ist kein Thema für die gedruckte Presse in Deutschland. Das ist schwer zu erklären. Distanz zur englischen Sprache? Distanz zum Internet? Vielleicht von allem ein bißchen.

So erfahren die deutschen Leser nicht, welche Funktionen das Trademark Clearinghouse erfüllen soll.

Markeninhaber, die ihre Marke im Trademark Clearinghouse angemeldet haben, werden über Anmeldungen von Domains durch Dritte , die auf dem Namen der Marke beruhen, informiert. Die erfolgreiche Anmeldung einer Marke berechtigt zur Registrierung von bis zu 10 auf der Marke beruhenden Domains in allen neuen Top Level Domains.

One-Stop-Lösung von Vorteil für alle

Was leistet das Trademark Clearinghouse? 1. Wenn eine Marke vom Trademark Clearinghouse anerkannt worden ist, dann berechtigt sie zur Registrierung in den Sunrise Periods aller neuen Top Level Domains. 2. Markeninhaber werden über mögliche Markenverletzungen durch Domainanmeldungen von Dritten informiert, wenn Sie Ihre Marke erfolgreich im Trademark Clearinghouse angemeldet haben.

Die erste Leistung des Trademark Clearinghouse steht in Zusammenhang mit dem Beschluß von ICANN, daß eine Anmeldung im Trademark Clearinghouse Pflicht ist, wenn man von einer bevorzugten Registrierung in der Sunrise Period einer Domain profitieren will.

"Die Schaffung des Trademark Clearinghouse", erklärt Hans-Peter Oswald von domainregistry.de, "ist durch die One-Stop-Lösung ein Vorteil für alle Beteiligten-besonders angesichts der Tatsache, daß voraussichtlich über 1000 neuen Domains eingeführt werden."

Hans-Peter Oswald, der die als "official Agent" des Trademark Clearinghouses tätige Secura GmbH leitet, fährt fort:

"Ohne das Trademark Clearinghouse müßte jeder
Interessent sich bei der Sunrise Period von jeder
Domain anmelden, die Unterlagen zusammensuchen,
einreichen, darauf hoffen, daß sie angenommen wird
und bei Nichtannahme Einspruch einlegen, eventuell
auch vor Gericht. Natürlich würde auch die jeweilige
Registrierungsstelle einen höheren Preis nehmen, weil
sie einen kompetenten Dienstleister für die Prüfung
der Unterlagen beschäftigen muß. So zahlt der
Markeninhaber nur einmalig und nicht für jede Domain
Extra-Kosten für die Prüfung der Marke."

Das Trademark Clearinghouse ist aber nicht nur für
den Markenbesitzer von Vorteil, sondern auch für die
Registrierungsstellen und Registrare, denen das
Trademark Clearinghouse eine unbürokratische
Abwicklung der "Sunrise Periods" ermöglicht.

Das Trademark Clearinghouse und die Jobs-Domains

Das Trademark Clearinghouse erfüllt folgende Aufgaben:

1.Nach Prüfung der Marke durch das Trademark Clearinghouse darf der Markeninhaber an den "Sunrise Periods" von allen Neuen Top Level Domains teilnehmen und also überall seine Domains vor den anderen Interessenten registrieren lasssen

2.Das Trademark Clearinghouse überwacht die Registrierungsversuche durch Dritte und meldet dem Markeninhaber, wenn Dritte Domains mit seinem Markennamen zu registrieren versuchen.

Die Gebühren für die Leistungen des Trademark Clearinghouse fallen dabei nicht einmalig an, sondern pro Periode an. Die Periode ist jeweils ein Jahr -mit Ausnahmen für diejenigen, die sich bereits früh für eine Markenanmeldung beim Trademark Clearinghouse entschieden haben.

Das Trademark Clearinghouse wurde geschaffen, um die Markenrechte der Markeneigentümer bei der Einführung von über 1000 neuen Top Level Domains zu schützen.

Jetzt tritt das Trademark Clearinghouse in einer neuen Rolle auf: Es soll Markenrechte bei einer bereits existierenden Domain schützen.

Die Registrierungsstelle von .jobs hat sich dafür entschieden, das Trademark Clearinghouse für die Sunrise Period der Jobs-Domains zu verwenden. Die Jobs-Domain ist eine gesponserte Top-Level-Domain (sTLD). Wie der selbsterklärende Name schon sagt, soll die Domain für Seiten verwendet werden, die sich auf Jobs oder Beschäftigung in irgendeiner Form beziehen.

ICANN hat die Entscheidung der Registrierungsstelle von .jobs begrüßt, die Leistungen des Trademark Clearinghouse bei einer Sunrise Period zu nutzen.

Zum Hintergrund: Die 2006 eingeführten jobs-Domains hatten noch nie eine Sunrise Period. Tom Embrescia von .jobs betont, daß eine für 2013 geplante allgemeine Öffnung der jobs-Domains eine vorherige "Sunrise period" sinnvoll macht. Die Leitung von .jobs entschied sich für das "Trademark Clearinghouse", weil es sowohl für die Markeninhaber als auch für die Registrierung die effektivste Lösung darstellt.

"Wir schätzen und unterstützen die Entscheidung von .jobs, das Clearinghouse zu verwenden, um die bevorstehende geplanten Sunrise Period zu unterstützen", sagte Fadi Chehade, President und CEO von ICANN. "Hier haben wir die Möglichkeit mit einer bestehenden TLD zu lernen, wie das Clearinghouse sich auf die Sunrise Period auswirkt".

Die Markeninhaber, die ihre Marke beim Trademark Clearinghouse anmelden, haben nach dieser Entscheidung nicht nur die Möglichkeit sich an den Sunrise Periods aller Neuen Top Level Domains zu beteiligen, sondern auch sich an der Sunrise Period der jobs-Domains zu beteiligen.

Hans-Peter Oswald

http://www.domainregistry.de/tmc.html

http://www.domainregistry.de/jobs-domains.html

Trademark Clearinghouse: Vorteile für "Early Birds"

Das deutsche Sprichwort heißt:"Morgenstund' hat Gold im Mund". Im Englischen heißt das vergleichbare Sprichwort:"The early bird catches the worm".

Das Trademark Clearinghouse bietet zwei Leistungen an: 1.Nach Prüfung der Marke durch das Trademark Clearinghouse darf der Markeninhaber an den "Sunrise Periods" von allen Neuen Top Level Domains teilnehmen und also überall seine Domains vor den anderen Interessenten registrieren lasssen 2.Das Trademark Clearinghouse überwacht die Registrierungsversuche durch Dritte und meldet dem Markeninhaber, wenn Dritte Domains mit seinem Markennamen zu registrieren versuchen.

Die Gebühren für die Leistungen des Trademark Clearinghouse fallen dabei nicht einmalig an, sondern pro Periode an. Die Periode ist jeweils ein Jahr -mit Ausnahmen für diejenigen, die sich bereits früh für eine Markenanmeldung beim Trademark Clearinghouse entschieden haben.

" ... the period before the first Sunrise of the first new

gTLD will be designated as the Early Bird Registration Period. Trademarks registered during this Early Bird period will not expire on the first anniversary of the registration date. They will, however,expire on the first anniversary of the calendar day prior to the date that the first gTLD starts their Sunrise period. This means that the trademark will be protected for approximately three to five months longer."

Wer die Gelegenheit schnell beim Schopfe packt, erhält also einen Vorteil.

Registrierung Neuer Marken und anschließende Anmeldung beim Trademark Clearinghouse

Jede Firma hat Namen für Produkte und Dienstleistungen, die sich durch jahrelanges Marketing am Markt als Marke etabliert haben. Es kommt in jeder Firma vor, daß ein Teil dieser Marken nicht bei Patentämtern als Marken registriert worden sind. Leider kann man diese Marken nicht bei den Sunrise Periods von neuen Domains verwenden.

Die Idee liegt nahe, die Marke schnell beim Patentamt zu registrieren. Das Problem bei vorherigen Sunrise Periods waren die Ausschlußfristen für Marken. Die Bestimmungen für die "Sunrise Period" enthielten ein Schlußdatum oder - wie die Angelsachsen sagen- eine "dateline" für Marken. Nach dem Schlußdatum registrierte Marken wurden für die Sunrise Period nicht mehr anerkannt. Man konnte also nicht kurz vor der Sunrise Periode eine Marke registrieren und dann sich mit dieser Marke bei der Sunrise Period anmelden. Bei dem "Trademark Clearinghouse" gibt es keine Ausschlußfristen. Das bedeutet: Man kann genau das tun- einen für das Marketing wichtigen Begriff als Marke registrieren und dann die Marke beim Trademark Clearinghouse anmelden.

Die Registrierung einer Marke kann sich über Jahre hinziehen. Der Secura GmbH sind allerdings zwei nationale Patentämter in Europa bekannt, bei denen es nur Wochen dauert, um eine Marke zu registrieren.

Sie können der Secura GmbH den Auftrag geben, ein Produkt oder Dienstleistung, die noch nicht als Marke geschützt worden ist, als Marke bei einem europäischen Patentamt zu registrieren und anschließend im Trademark Clearinghouse anzumelden.

Titelrechte und Namensrechte werden von dem Trademark Clearinghouse im Gegensatz zu den meisten Marken nicht automatisch anerkannt. Die Registry der jeweiligen Domain muß diese Kennzeichnungsrechte mit dem Trademark Clearinghouse vereinbaren und in ihrer Policy vorgesehen haben. Für die aus Deutschland und Österrerich stammenden Domains wird es wohl solche Vereinbarungen geben.

Geschäftsführer Hans-Peter Oswald von Secura erklärt: "Wir haben durch die Erfahrungen mit der EU-Registrierungen das Knowhow, Namensrecht und Kennzeichnungsrechte in der Sunrise Period für die Kunden einzusetzen, damit sie bevorzugt in der Sunrise Period registrieren können."

Marc Müller

Lieber in der Landrush Period als in der Sunrise Period registrieren ?

Frage: Ich habe eine Marke. Soll ich unter den Neuen Top Level Domains lieber in der Sunrise Period registrieren oder bis zur Landrush Period warten? Ich habe gehört, die Registrierungskosten in der Landrush Period sind günstiger.

Diese Frage zu beantworten, ist komnplizierter als es auf den ersten Blick erscheint.

Früher wurden in allen Phasen der Domainregistrierung "First comes,first serves" durchgeführt - auf deutsch: Wer zuerst kommt, mahlt zuerst. Bei den Neuen Top Level Domains wird es in der Regel bei Doppel- und Mehrfachbewerbungen in der "Landrush Period" und der "Sunrise Period" zu Auktionen kommen.

Der Domainpreis einer Registrierung in der "Landrush Period" wird geringer ausfallen als in der "Sunrise Period", die Wahrscheinlichkeit einer Auktion wird aber auch größer sein als in der Sunrise Period.

Hans-Peter Oswald von domainregistry.de erklärt dazu:" In der Landrush Period kann sich jeder um eine Domain bewerben. Es wird für zahlreiche Domains, besonders die guten, Doppel- oder Mehrfach-Bewerbungen geben. Die Domains mit Dopppel- oder Mehrfach-Bewerbungen werden in Auktionen versteigert. In der Sunrise Period können sich nur Marken-Inhaber um Domains bemühen. Es wird nur Auktionen geben, wenn die Bewerber gleichlautende Marken besitzen, z.B. in verschiedenen Klassen und/oder aus verschiedenen Ländern. Diese Fälle werden wesentlich seltener vorkommen als Mehrfachbewerbungen in der Landrush Period."

Daher ist es nicht nur unter Sicherheitsaspekten, sondern auch aus finanziellen Gesichtspunkten in den meisten Fällen günstiger seine Domains in der Sunrise Period zu registrieren.

Aus Sicherheitsgründen ist eine Registrierung in der Sunrise Period ohnehin vernünftig. Wenn man trotz Marke auf eine Registrierung in der Sunrise Period verzichten, kann es sein, daß ein Markeninhaber mit einer gleichlautenden Marke eines anderen Landes oder in einer anderern Klasse die gewünschte Domain registriert.

Secura GmbH - official agent des Trademark Clearinghouse

Das von ICANN geschaffene Trademark Clearinghouse ermöglicht Markeninhabern die bevorzugte Registrierung ihrer Marken als Domains in allen neuen Top Level Domains und überwacht gleichzeitig, ob Dritte Markennamen bei den Neuen Top Level Domains mißbrauchen. Secura GmbH ist nicht nur ICANN akkreditierter Registrar und Registrar von vielen Länder-Domains, sondern seit kurzem auch "official Agent" des Trademark Clearinghouse.

Was ist ein "official agent"?

"Rights holders' agents are entities or individuals that interface with the rights holders in order to maintain Clearinghouse records on behalf of the right holders and who may receive notifications in relation to the sunrise process or trademark claims service on behalf of the trademark holder."

Oder anders gesagt: Secura GmbH kann jetzt auch für Kunden die Daten von Marken im Trademark Markmark Clearinghouse anmelden.

Für Markeninhaber wird wegen der Einführung von mehr als 1000 neuen Top Level Domains die Anmeldung im neu geschaffenen Trademark Clearinghouse sinnvoll.

Markeninhaber, die unter keiner der neuen Top Level Domains Namen registrieren lassen wollen, erhalten bei Anmeldung ihrer Marken im Trademark Clearinghouse Informationen per e-mail, wer eine Domain mit dem Markennamen anmelden will und können sich dann gegen diese Domainregistrierungen wehren. Nur das Trademark Clearinghouse kann bei der großen Anzahl der zukünftigen Neuen Top Level Domains einen Überblick für Markeninhaber schaffen.

Bei den bisherigen Einführungen von Top Level Domains wurde die Anmeldung der Marke als Grund für eine bevorzugte Registrierung und die Registrierung der darauf beruhenden Domain in einem Schritt vollzogen. Dies wird diesmal nicht mehr der Fall sein.

Jeder, der eine Domain in der Sunrise Period registrieren will, muß sich beim Trademark Clearing House anmelden. Eine erfolgreiche Anmeldung beim Trademark Clearing House berechtigt dann zur Registrierung unter jeder der wahrscheinlich mehr als

1000 Domains in der jeweiligen "Sunrise Period".

Ein großer Registrar hat in einer Analyse der "Sunrise Periods" der vergangenen Einführungen festgestellt, daß die Anmeldungen in der "Sunrise Period" eine Fehlerrate von 40-50 % aufwies. Mit Fehlerrate ist dabei falsches Ausfüllen der Unterlagen gemeint, nicht die Ablehnung korrekt ausgefüllter Anträge aufgrund von nicht zulässigen Marken durch die Prüfinstanz.

Die Regeln des Trademark Clearinghouses sind überaus komplex. Beispielsweise werden Marken aus den US-Staaten nicht zugelassen, andere Kennzeichnungsrechte als registrierte Marken können unter Umständen zugelassen werden.

Mehr Informationen:

http://www.domainregistry.de/tmc.html

Trademark Clearinghouse

Short Summary

The Internet Corporation for Assigned Names and Numbers (ICANN) opened Trademark Clearinghouse on March 26, 2013. Trademark Clearinghouse is a worldwide, unique database for Trademark data and is the first ever in the Domain business. It will allow businesses and persons to protect their trademarks, while the new generic Top Level Domains (so-called gTLD) are being introduced. The owners of trademark rights, whose trademarks are verified and registered through the Trademark Clearinghouse have the right to register domains at the Sunrise Periods of all New Top Level Domains.

Trademark Clearinghouse not only protects brand with this claims service, but also with a so-called Sunrise Service during a period of thirty days before domain names are offered to the general public. With this service the owners of the trademark can protect the domain name that matches their trademark, and a valid trademark registration with Trademark is essential for doing so.

Since March 26, 2013 the owner of a trademark can register their brands.

Until now, the introduction of a brand name with Top Level Domains included the right to priority registrations. Furthermore, both introduction and registration could be completed in one step. From here on forward this will no longer be possible. Anyone who wants to register a domain during the "Sunrise Period" will have to register with Trademark Clearinghouse. When the registration with Trademark Clearinghouse has been successfully completed, the brand owner will have the right to register all of the possibly more than one thousand domains during the given "Sunrise Period".

You probably also own important names that are not protected under a brand name. The guidelines of the Trademark Clearinghouse allow for other branding rights to be considered. We will gladly advise on how to obtain such branding rights and have the best possible chance to have them accepted as such.

A large registrar has analyzed past "Sunrise Periods" and came to the conclusion that registrations during the "Sunrise Period" had a 40-50% rejection rate. The rejection rate is not due to applications for inadmissible Trademarks rejected by an approving institution but rather to incorrect records and applications that were filled out incorrectly. "We have vast experience dealing with brands and trademarks and the respective approving institutions," says Hans-Peter Oswald, CEO of ICANN accredited Registrar Secura. "The up to date rejection rate of Secura with Sunrise Periods has been lower than one percent."

Register your brand name with Trademark Clearinghouse

With the introduction of over one thousand new top level domains, it will certainly be very useful for brand owners to register with ICANN's newly created Trademark Clearinghouse.

Brand owners who do not wish to register their brand name with Top Level Domains will receive an e-mail from Trademark Clearinghouse when an attempt is made to register a domain with their name thus enabling the brand owner to prevent the domain registration. Because of the large quantity of future new top level domains, only Trademark Clearinghouse will be able to create a clear overview for brand owners.

Until now, the introduction of a brand name with Top Level Domains included the right to priority registrations. Furthermore, both introduction and registration could be completed in one step. From here on forward this will no longer be possible.

Anyone who wants to register a domain during the "Sunrise Period" will have to register with Trademark Clearinghouse. When the registration with Trademark Clearinghouse has been successfully completed, the brand owner will have the right to register all of the possibly more than one thousand domains during the given "Sunrise Period".

You probably also own important names that are not protected under a brand name. The guidelines of the Trademark Clearinghouse allow for other branding rights to be considered. We will gladly advise on how to obtain such branding rights and have the best possible chance to have them accepted as such.

A large registrar has analyzed past "Sunrise Periods" and came to the conclusion that registrations during the "Sunrise Period" had a 40-50% rejection rate. The rejection rate is not due to applications for inadmissible Trademarks rejected by an approving institution but rather to incorrect records and applications that were filled out incorrectly.

We have vast experience dealing with brands and trademarks and the respective approving institutions. Our up to date rejection rate with "Sunrise Periods" has been lower than one percent.

The cost for brand/trade name registration with Trademark Clearinghouse is a €250 handling fee, including taxes and is valid for one year. This handling fee is non-refundable when your application is denied. Trademark Clearinghouse services can also be ordered for a three year period for €700 and a five year period for €1,000.

A free but contractually binding pre-registration of desired new top level domains can also be ordered, although the final price remains to be determined at the time of the final order and could vary from €60 to €100 per domain and year during the Sunrise Period. It may be required to order a multiple year registration of up to five years during the Sunrise Period.

The vast number of domains is making the market hard to penetrate. We will gladly conduct an analysis based on your products, services and/or your company name, to advise you in which domains you should invest.

After you placed your order, kindly send the following documents through registered mail to Secura GmbH, Frohnhofweg 18, 50858 Cologne, Germany:

1) Statement that your brand/trade name is in use with original signature. It is advisable to use legal paper.

2) Proof of your brand/trade name being in use; for example a copy of an advertisement.

3) Copies of your legal brand/trade name registration.

You can pre-order domains at the time you place an order for a brand/trade name. Registering with Trademark Clearinghouse is useful, even when you don't want to order any domains because of the access you will have to information on third party infractions on brand/trade name laws.

We offer over one hundred new top level domains for pre-registration. Should your domain not be included, you can search the most important new top level domains on the web site "Neue Top Level Domains" and the larger alphabetic list of new top level domains or you can use our search engine.

More Information at:

http://www.domainregistry.de/tmch.html

http://www.domainregistry.de/neue-domains.html (German)

http://www.domainregistry.de/new-domains.html

(English)

Soumettez vos marques à Trademark Clearinghouse!

Avec l'introduction de plus d'un millier de nouveaux domaines de premier niveau, il sera certainement très utile pour les propriétaires de marques de s'inscrire auprès de "Trademark Clearinghouse", nouvellement créé par ICANN.

Les propriétaires de marques qui ne souhaitent pas enregistrer leurs noms de marque avec des nouveaux domaines recevront un e-mail de Trademark Clearinghouse quand une tierce personne fait une tentative pour enregistrer un domaine avec le même nom. Ce qui permet au propriétaire de la marque de prendre des mesures contre l'enregistrement de domaine. En raison de la grande quantité de futurs nouveaux domaines de premier niveau, seule Trademark Clearinghouse est en mesure de créer une vue d'ensemble claire des propriétaires de marques.

Jusqu'à présent, un nom de marque donnait le droit aux enregistrements prioritaires. En outre, à la fois l'introduction et l'enregistrement pouvaient être achevés en une seule étape. Dorénavant cela ne sera plus possible.

Toute personne qui souhaite enregistrer un nom de domaine pendant la «période Sunrise» devra soumettre des informations sur la marque commerciale à Trademark Clearinghouse. Lorsque l'enregistrement avec Trademark Clearinghouse est achevé avec succès, le propriétaire de la marque aura le droit d'enregistrer jusqu'à 10 noms de domaines parmi les milles domaines possible basés sur la marque, au cours de la «période Sunrise».

Vous avez probablement aussi possédé des noms importants qui ne sont pas protégés sous un nom de marque. Les directives de Trademark Clearinghouse permettent à d'autres droits de marque d'être pris en considération. Nous serons heureux de donner des conseils sur la manière d'obtenir ces droits de marque, ainsi qu'avoir les meilleures chances possibles pour les faire accepter en tant que telle.

Un grand agent de registre a analysé les «périodes Sunrise» passées et est venu à la conclusion que les inscriptions au cours de la «période Sunrise» ont eu un taux de rejet de 40-50%. Le taux de rejet n'est pas dû à des demandes de marques commerciales inadmissibles ou rejetées par une institution approbatrice, mais à causes d'enregistrements incorrects et des demandes remplies de manière incorrecte.

Nous avons une vaste expérience face à des marques et des marques commerciales et respectivement les institutions approbatrices. Nos taux de rejet des «périodes Sunrise», qui sont à jour, a été inférieur à un pour mille.

Le coût de l'enregistrement d'une marque/nom commercial, chez Trademark Clearinghouse, est le coût de la taxe de traitement qui est de 250 EURO et qui est valide pendant un an. Ces frais ne sont pas remboursables si votre demande est refusée. Les services de Trademark Clearinghouse peuvent également être commandés pour une période de trois ans pour 700 EURO et une période de cinq ans pour 1000 EURO.

Consultez s.v.p.:

http://www.domainregistry.de/tmch.html

¡Envíe sus Marcas en el Trademark Clearinghouse!

Cualquier persona que desee registrar un dominio durante el Sunrise Period tendrá que presentar datos sobre marcas registradas para el Trademark Clearinghouse

Con la introducción de más de mil nuevos dominios de primer nivel, sin duda será muy útil para que los propietarios de marcas se registren con el recién creado Trademark Clearinghouse-.

Los propietarios de marcas que no deseen registrar su marca con dominios de primer nivel, recibirán un e-mail del Trademark Clearinghouse cuando se realice un intento de registrar un dominio con su nombre lo que permite al propietario de la marca a tomar medidas contra el registro del dominio. Debido a la gran cantidad de futuros nuevos dominios de primer nivel, sólo el Trademark Clearinghouse será capaz de crear una visión clara para los propietarios de marcas.

Hasta ahora, la introducción de un nombre de marca con dominios de primer nivel incluía el derecho a los registros prioritarios. Además, tanto la introducción y el registro podían ser completados en un solo paso. De aquí en adelante esto ya no será posible.

Cualquier persona que desee registrar un dominio durante el "Sunrise Period" tendrá que presentar datos sobre marcas registradas para el Trademark Clearinghouse. Cuando el registro de marcas con el Trademark Clearinghouse se haya realizado con éxito, el propietario de la marca tendrá el derecho a registrar hasta 10 dominios en función de la marca en todos los posiblemente más de un millar de dominios durante el "Sunrise Period" dado.

Es probable que también posea nombres importantes que no están protegidos por una marca. Las directrices del Trademark Clearinghouse permiten que otros derechos de marca sean considerados. Estaremos encantados de aconsejarle sobre la manera de obtener esos derechos de marca y tener la mejor oportunidad posible para sean aceptados como tal.

Un registrador grande ha analizado pasado los "Sunrise Periods" y llegó a la conclusión de que los registros durante el "Sunrise Period" tuvieron una tasa de rechazo de un 40-50%. La tasa de rechazo no se debe a las solicitudes de Marcas inadmisibles rechazadas por una institución que apruebe sino a registros erróneos y aplicaciones que fueron llenadas incorrectamente.

Hans-Peter Oswald (domainregistry.de):"Tenemos una

vasta experiencia tratando con marcas y marcas registradas y las instituciones de aprobación respectivas. Nuestra tasa de rechazo hasta la fecha con 'Sunrise Periods' ha sido inferior a uno por ciento."

Marc Mueller

http://www.domainregistry.de/tmch.html

Impressum:

Secura GmbH

Frohnhofweg 18

D-50858 Köln

Germany

Phone: +49 221 2571213

Fax: +49 221

9252272

secura@web.de

http://www.domainregistry.de;http://www.com-domain.com

Herstellung und Verlag:

BoD - Books on Demand, Norderstedt

ISBN: 978-3-7322-3874-3